DEBUT D'UNE SERIE DE DOCUMENTS
EN COULEUR

Pierre LOUVET

DE BEAUVAIS

Médecin, Historien et Professeur

(XVIIe siècle)

PAR

le Comte de MARSY,

Directeur de la Société française d'Archéologie,
Membre de la Société académique de l'Oise.

BEAUVAIS,
TYPOGRAPHIE D. PÈRE, RUE SAINT-JEAN. — A. CARTIER, GÉRANT.

1897

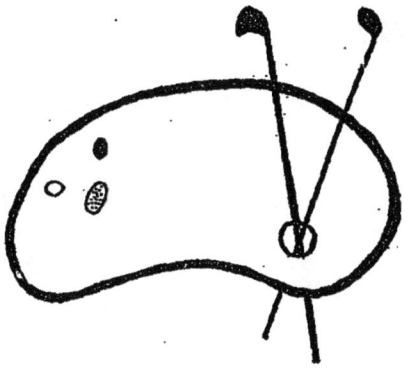

FIN D'UNE SERIE DE DOCUMENTS
EN COULEUR

offert à la Bibliothèque Nationale,
Cte de Marsy

Pierre LOUVET

DE BEAUVAIS

Ln²⁷
45237

Effigies D. Petri ...quet Bellouaci
D. Medici, Consil. et Histor...aphi Serenissimæ
Principis Dombarum. ætatis 56. an 1673.

Pierre LOUVET

DE BEAUVAIS

Médecin, Historien et Professeur

(XVIIe siècle)

PAR

le Comte de MARSY,

Directeur de la Société française d'Archéologie,
Membre de la Société académique de l'Oise.

BEAUVAIS,
TYPOGRAPHIE D. PERE, RUE SAINT-JEAN. — A. CARTIER, GÉRANT.

1897

Pierre LOUVET,

de Beauvais

Médecin, Historien et Professeur

(XVIIᵉ siècle).

Trois personnages contemporains nés à Beauvais ont, au xviiᵉ siècle, porté le nom et le prénom de Pierre Louvet, et, bien que des relations se soient établies entre eux, aucun lien de parenté, dit-on, n'unissait leurs familles.

Le plus connu dans notre pays est l'historien du Beauvaisis ; le second, un savant dominicain ; le troisième, un docteur en médecine, professeur et historien, est celui dont nous voulons parler ici, en faisant connaître un travail récent qui complète et rectifie sur bien des points la notice publiée par Charles Brainne, dans ses *Hommes illustres du département de l'Oise*, d'après les travaux antérieurs de Moreri, du P. Le Long, et de Langlet du Fresnoy.

Il y a lieu, d'après ce que nous verrons, de reviser le jugement porté par Charles Brainne, qui nous donne Louvet comme « un homme d'esprit, au travail facile et ayant surtout l'art de se produire ». Ce fut, avant tout, un laborieux, un travailleur, ses dépouillements d'archives en font foi, et si ses travaux sont trop nombreux pour être dignes de la postérité, on ne peut méconnaître le soin qu'il apporta à leur rédaction.

S'ils lui valurent des amis éminents par leur mérite et leur considération, ils ne paraissent pas l'avoir enrichi, et malgré les dons qu'il reçut de personnages considérables et des Etats de plusieurs provinces, Louvet semble être mort dans une situation modeste, comme le fut celle qu'occupa toute sa vie le régent du collège de Sisteron (1).

Un nouveau travail, très remarquable par les recherches qu'il résume et les renseignements inédits qu'il fait connaître, vient d'inaugurer la grande publication entreprise par la ville de Montpellier, sur les archives de cette ville (2).

Nous croyons donc qu'on ne verra pas sans intérêt les nouveaux éléments apportés à la biographie de cet enfant de Beauvais par M. J. Berthelé, le savant archiviste du département de l'Hérault, à qui la ville de Montpellier a confié le soin de disposer, dans la Tour des Pins, les richesses de ses Archives.

Le premier soin de M. Berthelé, que M. Castels, maire de Montpellier, a désigné pour cette mission, a été de rechercher les anciens inventaires, dont le premier remonte à la fin du XII° siècle, et trouvant dans ces travaux d'importantes in-

---

(1) Louvet a eu du reste sa place, non-seulement dans les ouvrages consacrés à l'histoire du Midi, tels que l'*Histoire de Sisteron*, d'Ed. de Laplane (1843), la *Biographie des Hommes remarquables des Basses-Alpes* (1850), et la *Bibliographie du Languedoc*, de Junius Castelnau (1859-1895), mais encore dans le supplément de Moreri (1735) et la dernière édition de ce *Grand Dictionnaire historique* (1740), dans la *Biographie universelle*, de Michaud (1820, art. de Weiss), dans la *Biographie générale*, de Didot (1860), dans le supplément au *Manuel du Libraire*, de P. Deschamps et Brunet (1878), dans l'*Encyclopédie Larousse*, et dans les dictionnaires de Vapereau et de Lalanne. Le travail de M. Berthelé, que nous analysons ici, est de beaucoup le plus important, il n'occupe pas moins de 35 pages in-4° (XXXI-LXVI), avec de nombreuses notes.

(2) *Archives de la ville de Montpellier. Inventaires et documents.* Tome Ier, premier fascicule. Notice sur les anciens Inventaires des Archives municipales de Montpellier, par Ferdinand Castets, Maire de Montpellier, Doyen de la Faculté des Lettres, et Jos. Berthelé, Chargé de la haute direction des Archives de Montpellier. Montpellier, imprimerie Serre et Roumégous. 1895, in-4° (1, CXLII, p., figures).

dications sur les anciennes Archives, il en a entrepris la publication.

L'un d'eux, le plus important et le plus détaillé fut rédigé en 1662, par Pierre Louvet, et tels sont les motifs qui ont engagé notre confrère à consacrer à cet érudit « homme très versé et espérimenté en ce faict » comme le dit la délibération qui le charge de ce travail, la notice biographique que nous nous proposons d'analyser.

Pierre Louvet, ses biographes l'ont écrit, était né à Beauvais en 1617. Grâce à l'obligeance de son collègue, M. Roussel, M. Berthelé a pu avoir communication de son acte de baptême conservé aux Archives de Beauvais, dans les registres paroissiaux de Saint-Jacques, et daté du 3 février 1617.

Il est ainsi conçu :

« Le IIIe jour de feuvrier mil VI^c dix-sept fut baptisé Pierre, fils de Robert Louvet et de Marie Batherine, ses père et mère ; ses parin et marinne Jehan Dupré et Agnez Lemaire. »

Cette date concorde, du reste, avec l'âge donné à Louvet sur un portrait gravé, au bas duquel se trouvent ses armoiries : d'or à trois têtes de loup arrachées de sable, surmontées d'un casque à lambrequins, taré de trois quarts, et dont la légende porte :

Effigies D. Petri Louuet Bellouaci
D. Medici, Consil. et Historiographi Serenissimæ
Principis Dombarum. ætatis. 56. an. 1673.

Le père de Louvet était originaire d'Amiens.

Après avoir commencé s.. études à Beauvais, il les poursuivit à Paris, et une lettre qu'il écrivit à Guy Patin donne des renseignements que nous croyons inutile de reproduire.

Disons seulement qu'une fois ses études de philosophie terminées, il suivit à Lyon son homonyme, le dominicain Pierre Louvet, et qu'il se destina à la médecine. C'est à Aix qu'il suivit les cours et reçut sans doute le bonnet de docteur, mais ce fait n'a pu être vérifié, les Archives de l'Université de cette ville étant détruites; en tous cas, ce n'est pas à Montpellier qu'il fut reçu, car son nom ne figure sur aucun des registres de la Faculté.

Nous ne rappellerons pas l'anecdote rapportée au sujet de la manière dont il démasqua un charlatan de Marseille.

En 1644, Louvet quitta Montpellier, où il avait enseigné la géographie, et se fixa à Sisteron, où il devint l'un des deux régents du collège. Les registres de comptabilité de cette ville mentionnent les baux faits avec lui, le paiement de ses gages et ceux de certains frais extraordinaires, tels qu'une somme de neuf livres pour avoir fait dresser un théâtre et payé les violons, pour faire jouer une tragédie du *Duc de Durde et Redof*.

Il se maria dans cette ville, vers 1647, et l'aîné de ses enfants, François, y naquit le 1er septembre 1648.

Mais cette vie sédentaire ne paraissait pas lui convenir, et nous le trouvons, en 1652, à Digne, régent principal du collège, puis à Marseille, et, en 1655, il revient à Montpellier pour y exercer « la profession d'enseigner la géographie et l'histoire ».

C'est cette année qu'il fait la première de ses publications, l'*Abrégé de l'Histoire de Languedoc* (Nîmes, 1655, in-8°), qu'il place sous le patronage du prince de Conti, gouverneur et lieutenant général en Guyenne (1). Cet ouvrage fut réimprimé en 1662, par Plasses, qui en avait été le premier éditeur. Deux érudits de Montpellier, Jean de Rignac, conseiller à la Cour des aides, et le chanoine Gariel, avaient prêté à l'auteur un concours que celui-ci se plut à reconnaître. Du reste, Louvet prit toujours soin de placer ses œuvres sous le patronage soit de puissants personnages, soit des Etats des provinces ou des villes de la région, et imprimés ou manuscrits lui valaient généralement, outre certains honneurs, des gratifications ou des subventions.

Nous le voyons ainsi, en 1657, à Toulouse, dédier à l'archevêque Pierre de Marca des *Remarques sur l'Histoire de Languedoc* (Toulouse, in-4°, 1657), et adresser au même prélat un *Traité historique sur les Etats généraux de la Province*; travail qui offre beaucoup d'analogie avec ceux qu'il présente,

---

(1) Nous renvoyons aux notes du travail de MM. Castets et Berthelé pour la description bibliographique des ouvrages de Louvet.

l'un aux Etats de Languedoc sous le titre : *La vie des Gouverneurs et Lieutenants du Roy en Languedoc et l'Histoire des Estats généraux de la Province*, l'autre au Consistoire de Toulouse : l'*Histoire des Gouverneurs et Lieutenants généraux en la Province de Languedoc*.

Nous ne savons ce que l'archevêque de Toulouse donna à Louvet, mais les registres de comptes nous montrent que les Etats lui accordèrent 200 livres, et le Consistoire 60 livres.

A la même époque, la ville de Toulouse ayant voulu mettre de l'ordre dans ses archives, Louvet s'offrit pour exécuter ce travail, et c'est par là qu'il débuta dans sa carrière d'archiviste, que nous le verrons exercer, non sans talent, dans bon nombre de villes du Midi. Il rédigea une *Table des choses les plus remarquables qui se trouvent dans les livres de l'histoire de la maison de ville de Tholose*. Ce travail lui fut payé 250 livres ; il y trouva les éléments d'un *Catalogue des Capitouls*, et réunit des notes pour un autre travail qu'il n'offrit aux Capitouls qu'en 1678, et qui lui fut payé 150 livres. Celui-ci est aujourd'hui perdu.

Louvet avait l'humeur voyageuse ; aussi le voyons-nous bientôt à Bordeaux, attiré par la foire qui s'y tenait au mois d'octobre. Les recherches marchaient vite avec lui ; arrivé à l'automne de 1658, il était, au bout de quatre ou cinq mois, en mesure de présenter, le 5 mars 1659, aux Jurats un *Traité* en forme d'*Abrégé de l'Histoire d'Aquitaine, Guyenne et Gascogne, depuis les Romains jusqu'à présent* (1). Ce travail lui valut la mission de rédiger par ordre de matières un répertoire alphabétique des archives de l'Hôtel-de-Ville. En trois mois, Louvet avait achevé ce travail pour lequel il reçut 300 livres, sans parler d'un à-compte à son imprimeur. Cet inventaire ne comprend pas moins de 515 pages in-folio ; l'auteur fut aidé, pour sa rédaction, par le clerc du secrétaire de la ville. Liénard Lamouré.

En 1660, l'infatigable Louvet revint à Toulouse, y classa et inventoria, moyennant 200 livres, les « Petits-archifs de la ville », et publia un *Discours historique de l'an jubilaire de la*

---

(1) Imprimé à Bordeaux, par G. de la Court, 1659, in-4°, 212 p.

Paix depuis celle du Cateau-Cambrésis, en 1559, jusqu'à celle des Pirénées, en 1659, avec une relation de ce qui s'est passé à Toulouse en la publication de la Paix.

Si nous ne savons rien de notre auteur pour 1661, nous voyons qu'il ne resta pas inactif en 1662 ; il y réédita l'*Abrégé de l'Histoire du Languedoc*, publié en 1655 ; et les *Remarques*, auxquelles il donna le nouveau titre de *Le Trésor inconnu des Grandeurs du Languedoc* (1), et ayant, en quelque sorte, épuisé la générosité des Toulousains et des Bordelais, il revint à Montpellier, où nous allons le trouver occupé d'un travail pour lui de longue haleine, l'inventaire des archives de Montpellier, qui lui demanda douze mois entiers, pendant lesquels il y travailla « depuis les trois heures du matin jusqu'à dix heures du soir, avec grande assiduité, fidélité et sincérité ». Mais il en tira une seconde mouture, la matière d'une *Histoire de Montpellier* restée inédite, et dont le manuscrit conservé par un de ses fils paraît définitivement perdu.

Cet inventaire des grandes archives de Montpellier, qui comprend quatre cent quatre feuillets d'une écriture fine et régulière est encore aujourd'hui celui qui sert de base au classement des archives conservées à la Tour des Pins. Aussi, bien qu'il ne réponde pas aux exigences du classement actuel, MM. Castets et Berthelé ont résolu de s'y conformer et de le réimprimer, en complétant toutefois par des additions les descriptions de notre beauvaisin. Ce travail lui fut payé à raison de 50 livres par mois, et il reçut en tout 800 livres (2).

Après avoir exploré, et nous pourrions dire exploité, les archives de Toulouse, de Bordeaux et de Montpellier, ainsi

---

(1) Il y aurait lieu de rechercher, ce que nous n'avons pu faire, si ce sont réellement des réimpressions ou si les éditeurs ne se sont pas bornés à rajeunir ces ouvrages par de nouveaux titres.

(2) En même temps que Louvet faisait l'inventaire et classait les grandes archives, ou « vieux archifs des membres hauts de la Maison consulaire, les papiers de la Boutique du Greffe quy est au bas de la maison dite consulaire » étaient classés d'après le même plan par un eudiste Montpelliérain, François Joffre. Mais si ce dernier était un archiviste consciencieux, il était loin d'être un érudit comme son collègue, et son travail est avant tout utilitaire et pratique.

que celles de Carcassonne et de Béziers (1), Louvet, ayant épuisé la Gascogne et le Languedoc, remonta le Rhône, et, en 1668, nous le trouvons rédigeant l'inventaire des archives de Villefranche de Beaujeu, et annonçant par une pièce fort rare, premier produit de l'imprimerie à Villefranche, un *Projet de l'Histoire de Beaujolois*, que devait suivre, en 1671, une petite *Histoire de Villefranche, capitale du Beaujolois*, imprimée à Lyon et encore recherchée. L'*Histoire du Beaujolais* ne fut pas publiée, non plus que celle de la *Principauté de Dombes* qui en forme le complément, mais elles vont voir le jour dans les publications de la Société des Bibliophiles lyonnais, par les soins de MM. Léon Galle et Guigue. L'ensemble de ces derniers travaux valut à Louvet le titre de « conseiller et historiographe de Son Altesse royale souveraine des Dombes », que nous voyons, depuis 1672 et 1673, figurer sur les titres de ses ouvrages et dans les actes qui le concernent.

Faisant à cette époque à Lyon des séjours prolongés, Louvet eut l'idée d'étendre le cercle de ses publications et d'aborder l'histoire générale ; Louis XIV ne serait-il pas encore plus généreux que les Etats, les villes et même le prince de Dombes, pour celui qui écrirait l'histoire de ses conquêtes. De là naquit le *Mercure hollandais ou les conquêtes du Roy en Hollande, en Franche-Comté, en Catalogne, et généralement ce qui s'est passé dans l'Europe pendant la guerre*.

Cette publication se poursuivit de 1672 à 1679, chez Bardel, à Lyon, en in-12, et ne forma pas moins de dix volumes, sans compter les tirages faits sous différentes rubriques pour des circonstances exceptionnelles (2). Ce n'est qu'une compilation sans valeur, mais à laquelle son actualité valut un certain succès.

Mais notre écrivain avait toujours des manuscrits prêts à être confiés aux éditeurs qui voulaient bien les mettre sous presse, et nous le voyons pendant la même période faire im-

---

(1) Cela résulte de passages des œuvres de Louvet.
(2) Févret de Fontette donne (t. II, p. 586-587), une analyse de cette collection.

primer un *Abrégé de l'Histoire de Provence*, en 2 vol. in-12, 1675-1676 ; une *Histoire des Troubles de Provence depuis son retour à la Couronne (1481), jusqu'à la paix de Vervins*, en 1598 (1679, 2 vol. in-12), et enfin, en 1680, des *Additions et Illustrations sur les deux tomes de l'Histoire des troubles de Provence*, toutes publications pour lesquelles il reçut des subsides de l'Assemblée générale des communautés de Provence qui remplaçait alors les Etats. C'est aussi à cette époque qu'il rédigea son *Histoire du Parlement de Provence* (1675) restée inédite, et dont il existe une copie à la bibliothèque d'Aix.

Louvet, dans ses nombreux travaux, ne pouvait oublier Sisteron, sa ville d'adoption, où il avait, malgré ses nombreux voyages, conservé une modeste habitation dans laquelle n'avaient cessé de résider sa femme et ses enfants.

Mais l'*Histoire de Sisteron* qu'il rédigea en un volume in-folio resta manuscrite entre les mains d'un de ses fils, et il publia seulement, en 1677, grâce toujours à une subvention municipale, une *Vie et légende de saint Tyrse*, patron de cette ville.

A partir de 1680, il n'y a plus que rares mentions concernant notre personnage, et M. de Laplane avait même fixé à 1679 la date de sa mort ; il n'en est rien, Louvet reprit ses modestes fonctions de régent au collège et on l'y trouva jusqu'au milieu de l'année 1681, mais on n'a pas découvert dans les registres de Sisteron la mention de son décès qui doit être placé en juillet ou août 1684.

Guidé par cette indication que l'un des fils de Louvet François, avait rempli les fonctions d'aumônier sur les galères du Roi, à Marseille, tandis que le second, Jean-Pierre, qui hérita de sa maison, tint, à Sisteron, une boutique de librairie dans laquelle il vendait les livres de son père (1), M. Berthelé a fait, à Marseille, des recherches qui sont restées également infructueuses.

Il y a, dans la vie littéraire de Louvet, un épisode intéres-

---

(1) Il devint conseiller et procureur du Roy en l'hôtel de ville de Sisteron, et sa mère mourut chez lui dans cette ville, en 1697.

sant qui n'avait pas encore été mis en lumière, ce sont ses rapports avec Dom Luc d'Achery, de 1672 à 1675. Louvet envoya à l'éditeur du *Spicilège* de nombreux renseignements, lui copia ou fit copier des documents, chercha à lui découvrir à Lyon un éditeur pour le *Cassiodore*, et, enfin tenta d'être associé plus étroitement à l'œuvre des Bénédictins de Saint-Germain-des-Prés. C'est ainsi qu'on le voit leur offrir son concours pour étudier à Fontevraud des coffres pleins de chartes que personne n'a entrepris de déchiffrer (1).

Il proposait en outre de travailler à l'imprimerie ou à la correction. Mais ces travaux auraient exigé une rémunération pécuniaire, et les Bénédictins, qui se bornaient à le remercier par des envois de livres, n'acceptèrent pas les propositions d'un homme qui, par sa longue expérience dans le classement des archives et les travaux paléographiques, aurait été à même de leur rendre d'utiles services.

Louvet, nous l'avons dit, a été assez maltraité par ses biographes, surtout par le dernier, Brainne, qui, dans sa compilation, a recueilli, avec sa légèreté habituelle, les reproches dispersés dans les articles de ses devanciers.

Les rédacteurs de la notice sur les archives de Montpellier, mieux informés, ont rendu une meilleure justice à notre compatriote, et nous terminerons cette analyse en donnant le jugement qu'ils ont porté sur l'ensemble de ses travaux :

« Étudiant en médecine, à l'âge où l'on cherche sa voie, — professeur d'humanités, par occasion, à l'âge où les exigences de la vie commencent à s'affirmer, — il devint réellement lui-même, à partir du jour où il put se consacrer entièrement à la littérature historique et à des travaux de paléographie.

« C'était une nature droite et sympathique, une âme sincèrement modeste, un esprit curieux et ouvert. Son ardeur fait songer à Du Cange. Il jouissait d'apprendre et de savoir ; il aimait (avec une légère pointe de pédantisme, sans doute, mais si pardonnable !) à répandre les connaissances qu'il

---

(1) Ces lettres ont été publiées, en 1894, par M. l'abbé J.-B. Vanel, dans son étude sur les *Bénédictins de Saint-Germain-des-Prés et les Savants lyonnais*.

avait acquises dans les in-folios peu courus du public ; il avait cette préoccupation des informations directes d'après les sources, qui caractérise l'investigateur véritablement doué pour les études historiques. A ces qualités, qui ne suffisent pas pour constituer un historien, se joignaient malheureusement de graves défauts. Sa curiosité était trop souvent sans discernement, et ses procédés de critique presque toujours insuffisants. De plus, il ignorait trop l'art de la composition et du style (1).

« Louvet n'avait, à aucun degré, conscience de ce qui lui faisait défaut. Il a, sans hésitation, abordé l'histoire locale, provinciale, générale, et la postérité a été sévère pour lui. Certes, il n'est pas permis, à notre époque de critique impitoyable, de dire que cette sévérité ait été injuste, mais il convient de ne pas oublier que presque tous les historiens de son temps méritent les mêmes reproches que lui. Et, à l'heure actuelle, dans cette fin de siècle où l'érudition a tant de représentants, où chaque département compte plusieurs « cénacles » d'historiens ou d'archéologues, le plus grand nombre de ceux qui se donnent pour mission de nous présenter le tableau du passé sont-ils assurés de lui être supérieurs, ou même de posséder les qualités qui furent les siennes ? »

Des extraits d'un tableau historique de Montpellier, publiés à la suite de cette notice, montrent mieux encore les procédés et le style de Louvet.

« Cette façon d'écrire l'histoire, autant parfois avec son imagination qu'avec ses souvenirs, écrivent MM. Castets et Berthelé, cet étalage oiseux de détails de seconde ou de troisième main, ces préoccupations morales, religieuses, professionnelles même, qui nous étonnent et nous choquent aujourd'hui, étaient alors fort prisées dans le milieu où Louvet s'était formé et vivait. »

De là, des défauts qui « ne doivent pas nous empêcher de remarquer chez Louvet des qualités réelles qui le rendent

---

(1) Tous les détails de ce portrait littéraire sont appuyés par des citations extraites de ses préfaces ou de sa correspondance.

vraiment digne de notre estime, alors même qu'il nous faudrait admettre qu'il retardait quelque peu sur beaucoup d'historiens de son temps, et que Mézeray et Péréfixe lui-même étaient de meilleurs narrateurs que lui. »

Un portrait gravé, sans nom d'auteur, et que nous sommes heureux de pouvoir reproduire, ainsi qu'un fac-simile de l'écriture de Louvet, accompagnent la notice que nous venons de signaler ici, et à laquelle nous renvoyons ceux qui voudront avoir des renseignements complets sur la vie et les œuvres du médecin historien Pierre Louvet, de Beauvais.

Compiègne, mars 1897.

BEAUVAIS, IMPRIMERIE D. PERE, A. CARTIER, GÉRANT.

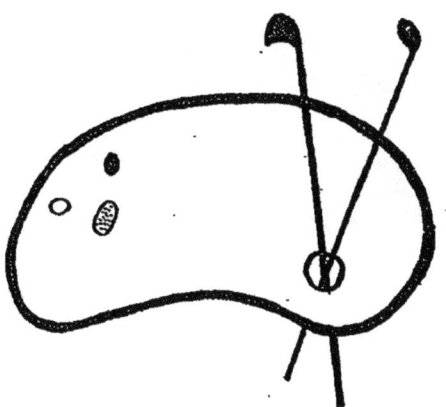

ORIGINAL EN COULEUR
NF Z 43-120-8

www.ingramcontent.com/pod-product-compliance
Lightning Source LLC
Chambersburg PA
CBHW061613040426
42450CB00010B/2473